RAPHAËL

ARCHÉOLOGUE ET HISTORIEN D'ART

PAR

EUG. MÜNTZ

EXTRAIT DE LA *GAZETTE DES BEAUX-ARTS*

(Octobre et Novembre 1880)

PARIS

IMPRIMERIE DE A. QUANTIN ET-Cie

7, RUE SAINT-BENOIT

—

1880

RAPHAËL ARCHÉOLOGUE

ET HISTORIEN D'ART

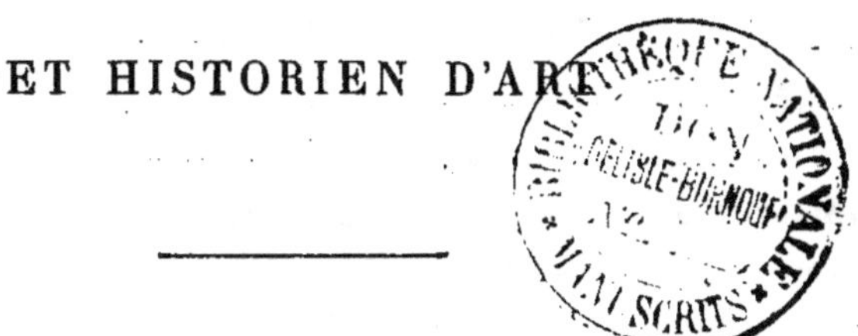

Jusqu'a son arrivée à Rome, en 1508, Raphaël n'avait pas étudié d'une manière suivie les chefs-d'œuvre de l'art antique. Tout en admirant à Urbin, à Sienne, à Florence, les statues ou les bas-reliefs grecs ou romains, il ne s'était pas cru astreint à l'imitation directe de ces monuments; il ne lui était guère arrivé qu'à Sienne de copier un marbre antique, le groupe des *Trois Grâces,* et encore sa copie témoigne-t-elle d'une singulière inexpérience. Pendant longtemps l'antiquité, pour employer une heureuse expression de Quatremère de Quincy, n'avait été qu'un miroir lui aidant à mieux voir la nature. A Rome, tout change comme par enchantement; le tendre et religieux peintre de madones se passionne pour les héros du paganisme. Il crée l'*École d'Athènes,* le *Parnasse,* ces éblouissantes visions du monde grec; désormais l'antiquité classique n'a pas de champion plus ardent. Après s'être inspiré d'elle en artiste, Raphaël l'étudie en archéologue; c'est à elle que sont consacrées ses dernières pensées; la restitution de Rome antique forme, concurremment avec la *Transfiguration,* le couronnement de cette brillante carrière, sitôt interrompue.

Rechercher, à l'aide de documents peu connus, quelles ont été les ressources que Rome offrait à cet égard à Raphaël, définir les services que l'Urbinate a rendus à la cause de l'archéologie et à celle de l'histoire de l'art, tel est l'objet de cet essai.

Si Raphaël avait eu l'occasion de voir quelques statues romaines à Urbin, à Sienne, à Florence, c'est à Rome, sans contredit, qu'il put pour la première fois étudier des peintures antiques. Du temps d'Albertini, c'est-à-dire en 1509, on voyait des vestiges de fresques plus ou moins considérables dans les thermes et dans les jardins de Salluste et de Titus. On apercevait aussi des traces de peintures dans les ruines situées sur le Quirinal, ainsi que dans celles qui avoisinaient l'église Saint-Pierre-ès-Liens. Sur le Palatin, la villa d'Inghirami (Phèdre de Volterra), un des plus chers amis de Raphaël, avait plusieurs de ses parois entièrement couvertes de fresques. Albertini cite encore un tombeau de la via Salaria orné des figures (?) de Cérès et de Bacchus, ainsi que de pampres et d'amphores [1]. Raphaël lui-même, dans son rapport à Léon X, parle des peintures des thermes de Dioclétien, qu'il oppose à celles du temps de Trajan et de Titus. On sait quel parti il tira des charmantes décorations découvertes de son temps dans les thermes construits par le dernier de ces empereurs. Mais on oublie trop qu'à cet égard il ne fit que suivre l'exemple de Morto da Feltro, le véritable inventeur des grotesques, du moins au témoignage de Vasari. Peut-être le maître urbinate étudia-t-il aussi les peintures, aujourd'hui encore conservées, de la pyramide de Cestius.

Raphaël mit en outre à contribution les mosaïques païennes et chrétiennes, qui existaient alors en si grand nombre encore à Rome et dans les environs. Dans les Loges, les fameux rinceaux peuplés d'écureuils, de souris, d'oiseaux sont copiés, le doute n'est pas possible, sur les mosaïques absidales de Sainte-Marie-Majeure.

Cependant, quoique à cet égard Rome l'emportât sur toutes les villes d'Italie, sa richesse en peintures antiques n'était pas assez grande pour dispenser Raphaël de recourir à d'autres sources d'informations, à d'autres modèles. Ce furent les statues et les bas-reliefs qui développèrent son goût, qui lui fournirent les innombrables détails de costume, d'ameublement, d'armures, nécessaires à ses grandes compositions historiques. Il est donc indispensable, avant d'aller plus loin, de dresser l'inventaire des richesses archéologiques offertes par la Ville Éternelle à son nouvel hôte.

En thèse générale, les collections romaines étaient bien plus considérables au début du xvi⁰ siècle qu'on ne se le figure d'ordinaire. Le savant auteur des *Sculpteurs italiens*, M. Perkins, et bien d'autres encore, nous paraissent, à cet égard, être restés infiniment trop au-dessous de la réalité. Passant en revue les ressources dont Raphaël pouvait disposer, M. Perkins nous cite encore la phrase traditionnelle du Pogge, d'après lequel Rome, vers le milieu du xv⁰ siècle, ne contenait plus que cinq

---

1. *Opusculum de mirabilibus novæ et veteris urbis Romæ ;* éd. de 1515, fol. 63, 63 v°.

statues[1]. Mais le Pogge ne voulait évidemment parler que des statues exposées sur les places publiques, les colosses de Monte Cavallo, le Marc-Aurèle, etc. En réalité, cinquante ans plus tard, c'est par centaines que les antiques se chiffraient dans la Ville Éternelle. Nous allons le démontrer.

Dès ce moment, Rome renfermait deux musées proprement dits, celui du Vatican, l' « Antiquarium », comme on l'appelait, et celui du Capitole. Le premier ne comptait que peu de monuments encore, mais c'étaient presque tous des chefs-d'œuvre : l'Apollon du Belvédère, le Laocoon, le Torse, l'Ariane (alors connue sous le nom de Cléopâtre), la statue de l'impératrice Sallustia Barba Orbana, représentée sous la figure de Vénus, le Commode, le Tibre. Sous Léon X, le Nil, ainsi que deux statues d'Antinoüs vinrent s'ajouter à ces merveilles[2]. André Fulvio qui les décrivit en 1513[3], nous apprend que toutes les sculptures étaient rangées dans le Belvédère autour d'une fontaine. Les unes, d'après un témoignage postérieur, semblent avoir été exposées en plein air; les autres étaient placées dans des niches[4].

Le Musée du Capitole, dont la fondation remontait à Sixte IV, était plus riche, quoique ses antiques n'offrissent pas la haute valeur artistique de celles de la collection pontificale. On y remarquait la louve de bronze, l'Hercule de bronze, le tireur d'épine, le lion dévorant un cheval, des bustes d'empereurs, le sarcophage de Julia, les deux sphinx de basalte aujourd'hui placés au bas de l'escalier, des fragments de statues colossales en bronze ou en marbre, etc., etc.[5]

Mais qui pourrait décrire la richesse des collections particulières! Elles formaient à elles seules le plus vaste musée qui existât alors. Il n'y avait plus guère de prélat, de diplomate, de grand seigneur, de banquier qui ne recherchât avec ardeur tout ce qui rappelait l'antique splendeur romaine : statues, bas-reliefs, gemmes, médailles, et jusqu'aux inscriptions. Au premier rang brillait le musée réuni au palais de Saint-Marc par le cardinal vénitien Dominique Grimani. Ses collections, qu'il transporta plus tard dans sa ville natale et qui, à sa mort, en 1523, devinrent le noyau du Musée de Saint-Marc, comprenaient à la fois les

1. *Raphael and Michelangelo.* Boston, 1878, p. 111.
2. Gregorovius, *Storia della città di Roma,* t. VIII, p. 162 et suiv.
3. Fulvio, *Antiquaria Urbis;* éd. de 1513, fol. 20 et 20 v°.
4. *Antiquaria Urbis;* liv. Ier, fol. 32 v°.
5. Aldobrandini, *Delle statue antiche che per tutta Roma in diversi luoghi e case si veggono;* éd. de 1562, p. 115 et suiv. Voy. aussi Barbet de Jouy, *Les Fontes du Primatice,* p. 41, 42.

spécimens de la statuaire et ceux de la glyptique. Nous savons qu'en 1505 il montra aux ambassadeurs vénitiens une masse prodigieuse de statues de marbre et une foule d'autres antiquités trouvées dans sa « vigne[1] ». Albertini mentionne notamment, comme exposée dans le verger du cardinal, une tête de bronze couronnée de tours, « caput æneum turritum[2] ».

D'innombrables autres marbres se trouvaient chez le cardinal Jean de Médicis, le futur pape Léon X (Albertini, fol. 90, cite, entre autres, une belle statue de satyre), chez les Colonna, les Orsini, les Savelli, les Cesarini, les Massimi, les Valle, les Porcari, les Mellini, les Maffei, les Pallavicini, les Caffarelli, etc., etc.[3] Dans la suite, la collection d'Augustin Chigi et celle de Bembo acquirent également une certaine célébrité. On trouvait des antiques jusque chez de simples artistes. Un des plus chers amis de Raphaël, l'orfèvre Antonio da San Marino, possédait une Vénus en marbre qu'il exposa devant sa boutique, lors de la procession par laquelle Léon X inaugura son règne. Ajoutons que personne ne trouva étrange cette façon de célébrer une des grandes fêtes de l'Église.

Des documents encore inédits, conservés à la Bibliothèque nationale, nous permettent de faire connaître la composition de plusieurs de ces cabinets d'antiques. L'un, installé « in domo Roscia », renfermait un buste de la Sibylle de Tivoli, un buste de César et un autre de Pompée, une statue de la Diane d'Éphèse, en marbre blanc, avec la tête, les mains et les pieds en marbre noir, le sacrifice d'un taureau, un Neptune armé du trident, avec un pied posé sur une barque, un Bacchus couronné de pampres, l'épouse de Bacchus (*sic*), un bas-relief représentant la Volupté, la Chasteté et le Courage, de nombreuses têtes de Nymphes, une Vénus assise sur un trône avec un myrte à côté d'elle, une tête colossale de Polyphème, une statue de Minerve. La plupart de ces marbres furent également exposés à l'occasion de la procession, ou « sacro possesso », de Léon X.

Nous sommes en mesure d'affirmer que Raphaël et ses disciples ont connu, étudié, copié deux au moins de ces antiques, la *Diane d'Éphèse* et le *Sacrifice du taureau*. Nous trouvons en effet ces deux compositions représentées dans les Loges, l'une au dessous de l'autre, dans l'ordre même dans lequel les cite l'auteur du manuscrit de la Bibliothèque nationale. Si dans la figure de la *Diane d'Éphèse* l'artiste s'est permis quelques changements, il a, par contre, fidèlement copié le bas-relief

1. Albertini, *Opusculum,* fol. 64 v°.
2. *Ibid.,* fol. 62 v°, 88 v°.
3. Morelli, *Notizia d'opere di disegno,* p. 246.

avec les trois sacrificateurs, le taureau et les trois joueurs de flûte. Les Loges contiennent bien d'autres motifs encore qui peuvent se ramener à des modèles anciens.

Le savant auquel nous devons ces renseignements sur les collections romaines du règne de Léon X, Claude Bellièvre de Lyon, a, en outre, vu chez une dame de la famille des Orsini, près de l'église Saint-Eustache, le *Combat des Horaces et des Curiaces*[1]; dans le palais Cesarini, une statue de Caton le Censeur et un enfant assis sur un dauphin; dans le palais Massimi, les statues ou bustes de Jules César, de Brutus et de Sénèque.

Si nous ajoutons à ces trésors, dont on commençait à sentir tout le prix, ceux que les monuments publics offraient à l'admiration des visiteurs, on se persuadera aisément qu'aucune ville au monde ne pouvait se flatter de donner un enseignement aussi multiple et aussi complet. Il est à peine nécessaire de rappeler ici les colosses de Monte Cavallo, la statue de Marforio, celle de Marc-Aurèle, les bas-reliefs des arcs de Titus, de Marc-Aurèle, de Septime-Sévère, de Constantin, ainsi que du petit arc des Orfèvres, ceux des colonnes Antonine et Trajane[2], ceux des « Colonaccie » situées près du forum d'Auguste, les sarcophages disséminés dans les trois cents églises de la ville, les stucs des thermes de Titus, ceux des tombeaux de la voie Appienne et de la voie Latine, etc., etc.

Vasari a fait coïncider l'apogée de l'art moderne avec la découverte du Laocoon, du torse, de l'Apollon, de la Vénus, de l'Hercule, de la Cléopâtre; l'exemple de Raphaël est là pour lui donner raison.

Tout poussait Raphaël à s'inspirer de ces modèles, et ses propres aspirations, et les conseils de son entourage. Le plus dévoué de ses protecteurs, celui qui fut pour lui comme un second père, Bramante, avait fait de l'antiquité l'étude de toute sa vie. La plupart des monuments de l'ancienne Rome avaient été mesurés et dessinés par ses soins. Lomazzo, auquel nous devons ce renseignement, a encore vu ces dessins, alors dispersés dans toute l'Italie[3]. Un élève de Bramante, Antonio Labacco, confirme ce témoignage en nous montrant son maître imitant, à

1. Cette suite paraît identique aux cinq statues découvertes, en septembre 1514, dans un terrain appartenant à la belle-sœur de Léon X, la veuve de Pierre de Médicis. Voy. Gaye, *Carteggio*, t. II, p. 139.

2. Dès 1506, Raphaël Maffei de Volterra parle des dessins faits, d'après la colonne Trajane, par le peintre Jacopo de Bologne. Cet artiste avait imaginé une machine qui lui permettait d'étudier de près tous les bas-reliefs.

3. *Idea del tempio della pittura*; éd. de 1785, p. 14.

diverses reprises, un temple situé près du Forum, sur l'emplacement de l'église Saint-Adrien [1]. Raphaël était tout fraîchement débarqué à Rome que déjà l'architecte en chef de Saint-Pierre mettait à l'épreuve ses connaissances en matière d'archéologie ; ayant fait exécuter des copies du Laocoon par plusieurs sculpteurs, il lui demanda de prononcer entre les concurrents. Le Sanzio déclara que le travail de Jacopo Sansovino se rapprochait le plus de l'original, et son arrêt fut ratifié par un connaisseur illustre, le cardinal Dominique Grimani [2].

Bramante étudiait l'antiquité en artiste. D'autres amis de Raphaël l'étudiaient en amateurs, en archéologues. Parmi eux, Pierre Bembo, le futur cardinal, mérite le premier rang. L'*Anonyme* de Morelli nous apprend combien son cabinet était riche en bronzes, en marbres, en médailles, en gemmes. C'était, pour le jeune Urbinate, un guide aussi éclairé que bienveillant. Balthazar Castiglione ne tarda pas non plus à sacrifier à la « curiosité ». Tantôt nous le voyons célébrer la statue de Lucrèce, tantôt faire la chasse à des bas-reliefs, à des camées, à des tableaux de maîtres [3]. Ce fut en compagnie de ces deux amis que Raphaël se rendit, en 1516, à Tivoli, pour y visiter « l'antique et le moderne ». Peut-être l'artiste entra-t-il aussi, dès lors, en relations avec l'archéologue Andrea Fulvio, avec lequel nous le verrons, dans la suite, préparer sa grande restitution de Rome antique. Ce qui est certain c'est que Fulvio publia peu de temps après, en 1517, chez Mazzocchi, à Rome, un recueil numismatique dont les gravures, fort soigneusement exécutées, devaient être du plus grand secours aux artistes amenés à s'occuper de l'iconographie grecque ou romaine [4].

Ces exemples, ces conseils ne tardèrent pas à porter leurs fruits. Avant son arrivée à Rome, Raphaël ne s'était inspiré que de loin en loin de modèles antiques, dans ses *Trois Grâces*, dans l'*Apollon et Marsyas* (si tant est que ce chef-d'œuvre puisse être inscrit à son actif), dans deux dessins qui, d'après l'heureuse expression de M. A. Gruyer, montraient le pressentiment plutôt que la connaissance de l'antiquité [5]. Voilà que tout à coup, dans la chambre de la Signature, nous le voyons mettre

1. *Libro d'Antonio Labacco appartenente a l'architectura nel qual si figurano alcune notabili antiquita di Roma.* Rome, 1559, fol. XVII.

2. Vasari, t. XIII, p. 72.

3. Dumesnil, *Histoire des plus célèbres amateurs italiens,* p. 164 et suiv.

4. *Illustrium imagines.* — *Imperatorum et illustrium virorum ac mulierum vultus ex antiquis numismatibus expressi : emendatum correptumque opus per Andream Fulvium diligentissimum antiquarium,* in-12, cxx pages.

5. *Raphaël et l'antiquité,* t. Ier, p. 246-248.

les collections romaines en coupe réglée. Non content de s'inspirer des admirables modèles qu'elles lui offraient pour modifier les types, les costumes de ses figures, pour agrandir et ennoblir son style, il pousse l'imitation jusqu'à copier de toutes pièces plusieurs marbres célèbres, la *Cléopâtre*, le *Marsyas écorché*, etc.

Vasari déjà constate l'influence que les modèles antiques ont exercée sur la composition des fresques de la chambre de la Signature. Décrivant le *Parnasse*, il nous dit que Raphaël a eu recours, pour les portraits des poètes représentés sur le mont sacré, aux statues, aux médailles, ainsi qu'à de vieilles peintures. Il est certain que l'artiste n'a rien négligé pour s'entourer de documents authentiques. C'est ainsi qu'en peignant le Socrate de l'*École d'Athènes*, il a sans doute eu sous les yeux ce camée que Castiglione fut assez heureux pour acquérir une dizaine d'années plus tard et qui contenait le buste du philosophe. Mais ses connaissances en matière d'iconographie grecque ne paraissent pas avoir été bien profondes encore, sinon il aurait représenté Platon avec des cheveux bouclés et Aristote sans barbe.

Par contre, les imitations de modèles anciens, choisis uniquement en raison de leur beauté intrinsèque, sont bien plus nombreuses qu'on ne l'admettait jusqu'ici. Dans la *Dispute du Saint-Sacrement*, le trône sur lequel siège saint Grégoire est la reproduction exacte d'un de ces fauteuils de marbre dont Rome renferme encore tant de superbes spécimens. La tête de l'Homère du *Parnasse* rappelle, M. Gruyer en a déjà fait l'observation, celle du *Laocoon*. Calliope, dans la même fresque, est imitée de la *Cléopâtre* (aujourd'hui appelée l'*Ariane*), alors déjà exposée au Belvédère. L'imitation est surtout sensible dans le dessin conservé à l'Albertine, de Vienne; dans la partie inférieure de la figure, l'arrangement des draperies est identique. L'Apollon de l'*École d'Athènes* a, très certainement, été inspiré par la célèbre intaille de Laurent le Magnifique, *Apollon et Marsyas*. Peut-être Raphaël a-t-il vu l'original, qui semble être resté entre les mains de Pierre de Médicis (il est aujourd'hui au Musée de Naples), et qui a probablement été compris dans les cent soixante-huit camées mis en gage en 1496 chez Augustin Chigi. Dans tous les cas, il connaissait cette composition fameuse par les nombreuses reproductions répandues dans toute l'Italie dès le dernier tiers du xve siècle. Il la fit, plus tard, reproduire intégralement dans les stucs des Loges. Dans les fresques de la voûte, les imitations abondent encore davantage. Le trône de la *Philosophie* est supporté, comme on sait, par deux de ces *Dianes d'Éphèse* dont les statues commençaient alors à se multiplier dans les collections romaines. Enfin, dans l'*Apollon et Marsyas*, le corps du supplicié est la copie d'un marbre dont il existe plusieurs répliques.

Fait digne de remarque, la chambre d'Héliodore, quoique postérieure à la chambre de la Signature, est moins riche qu'elle en réminiscences de l'antiquité. On n'y constate guère que quelques emprunts, d'ailleurs secondaires, faits à la colonne Trajane : détails d'armures de l'*Héliodore* et de l'*Attila*. Quant aux autres compositions, la *Messe de Bolsène*, la *Délivrance de saint Pierre*, les sujets du plafond, etc., elles sont pures de toute préoccupation archéologique. C'est que Raphaël attachait alors à la couleur une importance capitale, qui allait jusqu'à lui faire rechercher les effets de lumière les plus compliqués ; il subissait peut-être, à son insu, l'influence de l'École de Venise, personnifiée par son rival, par son ennemi, Sebastiano di Luciano.

Il n'entre pas dans nos intentions de passer en revue tous les emprunts faits par Raphaël à l'antiquité, soit au Vatican, soit à la Farnésine, soit dans les *Planètes* de la chapelle Chigi, ou bien encore dans les compositions gravées par Marc-Antoine. Une telle investigation dépasserait les limites assignées à ce travail ; elle a d'ailleurs été faite, avec le soin le plus scrupuleux, par M. Gruyer, dans son livre sur *Raphaël et l'antiquité*. Ce que nous nous proposons d'étudier ici, ce n'est point l'artiste s'inspirant des modèles qu'il juge les plus parfaits, mais bien l'archéologue recherchant les restes de l'art antique, les discutant, s'occupant de nous rendre le magnifique ensemble des monuments romains rongés par le temps ou mutilés par la main des hommes. Raphaël se présente à nous sous ce double aspect ; mais, tandis qu'au début l'artiste l'emporte sur l'archéologue, nous assistons vers la fin de sa vie au phénomène inverse. Quelques critiques pourront être tentés de voir dans ce changement une preuve de lassitude ; lorsque l'inspiration tarit, on se tourne vers la science. On naît poète ; on devient érudit. Pour nous, nous croyons qu'il faut plutôt admirer le bonheur singulier de ce maître, grand entre tous, qui, dans sa courte carrière, a pu embrasser tour à tour tant de disciplines diverses, vivre d'une vie si multiple, savourer l'une après l'autre toutes les jouissances intellectuelles de cette grande époque.

Peu de temps après son arrivée à Rome, Raphaël eut l'occasion de témoigner de son culte pour les souvenirs du passé, ce passé s'appelât-il antiquité, moyen âge ou Renaissance, et de montrer qu'à côté de l'artiste il y avait en lui l'étoffe d'un archéologue. Jules II, dans son ardeur à remplir le Vatican de créations nouvelles, avait donné l'ordre à son peintre favori de détruire les fresques de ses prédécesseurs. Raphaël dut obéir ; mais il voulut du moins que toute trace de ces compositions, si importantes pour l'histoire des arts, ne fût pas perdue, et fit copier une partie des peintures de Piero della Francesca. Quelle belle leçon donnée à cette bande de démolisseurs acharnés, à ces Vandales qui s'attaquaient alors aux plus vénérables monuments de Rome païenne ou de Rome chrétienne ! Si l'exemple de Raphaël avait été suivi, si ses principes avaient triomphé, nous posséderions du moins une image, fût-elle sommaire, de tant de chefs-d'œuvre perdus sans retour.

Ce ne fut toutefois que longtemps après, en 1515, que Raphaël put intervenir d'une manière plus efficace dans la conservation des monuments historiques. Un bref en date du 27 août 1515 lui accorda, très certainement sur sa demande, le droit de s'opposer à la destruction de ceux des marbres antiques qui porteraient des inscriptions. « Considérant, lui écrit le pape, que les tailleurs de pierre détruisent, en les employant comme matériaux de construction, beaucoup de marbres et d'autres pierres antiques contenant des inscriptions, témoignages précieux qu'il importe de conserver pour développer le culte des lettres et pour entretenir l'élégance de la langue latine, Nous défendons à tous ceux qui travaillent le marbre à Rome, de couper ou de scier, sans ta permission, n'importe quelle pierre ornée d'inscriptions, sous peine d'amende pour ceux qui désobéissent à nos ordres. »

La première partie du même bref accorde à Raphaël le droit de réquisitionner partout les matériaux provenant des fouilles pratiquées à Rome ou dans les environs, et de les employer à la construction de la basilique de Saint-Pierre, dont il avait été nommé architecte une année auparavant. L'artiste ne tarda pas cependant à découvrir le danger qu'il y avait à encourager ces fouilles. Nous le verrons en effet s'élever contre les papes qui, en permettant d'extraire la pouzzolane des fondations des édifices antiques, avaient causé la ruine de ces édifices.

En ce qui concerne les inscriptions, les efforts de Raphaël ne tardèrent pas à être couronnés de succès. Dès le 30 novembre 1517, un des principaux éditeurs de Rome, Jacques Mazzocchi, obtenait de Léon X un privilège de sept ans, pour le recueil qu'il se proposait de publier sous le titre de *Epigrammata antiquæ Urbis*, et, quatre années plus tard, au mois d'avril 1521, son travail, un superbe in-folio de quatre cents pages, était livré au public[1]. Ce volume, le plus ancien recueil épigraphique imprimé que nous possédions, en préservant de l'oubli les

_____
1. Mazzocchi mentionne précisément une inscription tracée sur un bloc de travertin destiné à la construction de Saint-Pierre et sans doute préservé de la destruction par Raphaël : « In saxo oblongo tiburtino adducto ad fabricam Sancti Petri qui demum fissus est in duas partes per lapicidas. » (Fol. CLXV, v°.)

innombrables inscriptions que Rome possédait alors, concourait donc au but poursuivi par Raphaël; il offrait, en outre, des gravures sur bois, assez bien faites, de plusieurs des monuments romains les plus remarquables : la porte Saint-Laurent, le pont Sainte-Marie, l'arc de Constantin (sans les sculptures), l'arc de Septime-Sévère, le Panthéon, la colonne Trajane, la pyramide de Cestius, l'obélisque du Vatican, etc., etc.

On a voulu assimiler les fonctions de Raphaël à une véritable direction des musées romains. Peut-être est-ce aller un peu loin. Ce n'est que longtemps après que l'on semble avoir songé à créer un office spécial pour la conservation des antiquités, et encore cet emploi fut-il au commencement bien modeste. Francesco de' Botti, qui était, en 1540, « politor et scopator statuarum et figurarum palatii Capitolii, » c'est-à-dire chargé de la garde et de l'entretien des statues du Capitole et du Vatican, ne recevait que deux ducats de traitement par mois. Le gardien de la colonne Trajane (le scribe pontifical écrit *Coluna trojana*) était mieux rétribué, quoique ses fonctions n'exigeassent pas des aptitudes bien spéciales : il recevait quatre ducats par mois [1]. Les Médicis n'avaient pas attendu si longtemps pour confier leurs collections à des hommes compétents. Donatello et son élève Bertoldo avaient été de véritables directeurs de musée, dans l'acception moderne du terme.

La mission confiée à Raphaël suscitait parfois des conflits avec la municipalité romaine, dès lors fort jalouse de l'accroissement du Musée capitolin. Le 15 juillet 1518, comme le peintre archéologue revendiquait, sans doute pour le pape, une statue provenant de la succession de Gabriel de' Rossi, les conservateurs de la ville déclarèrent vouloir user du droit que leur conférait le testament du défunt, et incorporer la statue aux collections du Capitole [2].

Par contre, nous voyons Raphaël profiter des facilités que lui offraient ses fonctions pour procurer des antiques à ses amis ou connaissances. Une lettre du chargé d'affaires de Ferrare, publiée ici même [3] par le marquis Campori (30 mars 1517), nous montre l'artiste occupé de satisfaire les caprices du duc Alphonse d'Este. « Quant aux médailles, têtes et figures, écrit le chargé d'affaires, Raphaël m'a dit qu'il se conformerait aux instructions de Votre Excellence; il m'a prié de m'en remettre à lui, m'assurant qu'il aura des émissaires capables de le bien servir. Il m'a donné aussi à entendre que Votre Excellence a manifesté naguère le

---

1. Archives d'État de Rome.

2. Passavant, *Raphaël*, t. Ier, p. 204.

3. *Gazette des Beaux-Arts*, 1863, t. Ier, p. 351.

désir d'acquérir le lit de Polycrate (Polyclète?). Il y en a bien un à Florence, mais il n'est pas à vendre. Il en connaît un ici qui lui paraît plus beau, quoique ce ne soit pas le lit de Polycrate, » etc., etc.

Qui sait si Raphaël ne collectionna pas aussi pour son propre compte? Un de ses héritiers, Jules Romain, possédait des marbres qui provenaient peut-être de sa succession et que Castiglione lui fit espérer de vendre à Mantoue [1]. Nous trouvons en outre parmi les objets laissés par Jules Romain à Rome, chez son frère, en 1524, trente médailles de divers types, onze médailles en plomb avec diverses figures, une figurine (una intagliatura) en cristal de roche, une tasse en marbre blanc, un vase de terre antique (una tazzetta di terra cotta antica), un vase antique en bois (una tazzetta antica in legno), et aussi (que de promesses et de mystères dans cette simple désignation!) une caisse pleine de dessins, de cartons, de livres, de manuscrits, — selon toute vraisemblance, l'héritage artistique de Raphaël [2].

Le peintre archéologue ne tarde pas à organiser un véritable institut de correspondance archéologique. On sait qu'il envoya des dessinateurs dans toutes les parties de l'Italie et jusqu'en Grèce, pour y relever les monuments antiques. Une gravure du soubassement de la colonne de Théodose, à Constantinople, porte une mention constatant que le dessin original avait été envoyé à Raphaël d'Urbin [3]. L'examen du dessin de la *Bataille de Constantin* a permis à M. Reiset de faire une autre observation tout aussi intéressante. « Plusieurs des têtes de chevaux de profil qui se voient à la gauche de la composition, dit ce savant, sont copiées de la frise de Phidias. La ressemblance est telle qu'elle ne peut être fortuite. On ne la retrouve ni dans la fresque peinte après la mort de Raphaël par Jules Romain, ni dans aucun autre ouvrage que nous connaissions du maître ou de ses élèves [4]. »

En 1518 ou en 1519, Raphaël entreprit de condenser les résultats de ses études dans un rapport qu'il adressa au pape et dont nous possédons deux rédactions différentes : l'une publiée en 1733 par les Volpi, dans leur édition des œuvres de Castiglione, l'autre dans l'ouvrage de Passavant. Avant d'analyser ce document précieux, nous devons passer en revue les opinions auxquelles il a donné naissance.

---

1. Dumesnil, *Histoire des plus célèbres amateurs italiens*, p. 115.

2. Voy. *Il Saggiatore*, t. Ier, p. 67-68. Rome, 1844.

3. Passavant, *Raphaël*, t. Ier, p. 274.

4. *Notice des dessins*, p. 257. Ce dessin n'est, d'ailleurs, pas un original. M. Reiset le considère comme une copie exécutée, sous les yeux de Raphaël, par Polydore de Caravage.

Le premier, qui parle du rapport sur les Antiquités de Rome, est A. Beffa Negrini, qui l'attribue à Castiglione et dit qu'il figure en tête du registre des lettres du comte [1]. Cette attribution prévalut jusqu'en 1799, époque à laquelle l'abbé Francesconi, dans une dissertation vraiment magistrale, démontra que l'auteur du rapport ne pouvait être que Raphaël lui-même [2]. Les arguments produits par Francesconi étaient du plus grand poids et sa thèse fut universellement adoptée. Le savant auteur florentin admettait d'ailleurs que Castiglione avait revu et retouché le travail de son ami et y avait introduit diverses modifications, surtout en ce qui concerne le style. La découverte, faite à Munich, d'un autre exemplaire de la lettre, d'une rédaction un peu différente, confirma dans ses points essentiels la thèse de Francesconi.

Constatons tout d'abord, comme faits irrévocablement acquis à notre cause, que la lettre est adressée à Léon X, que l'un des exemplaires a été trouvé dans les papiers de Castiglione, et l'autre en compagnie de la traduction de Vitruve, exécutée pour Raphaël par Marco Fabio de Ravenne; enfin, que tous les traits qu'elle contient peuvent, sans exception aucune, s'appliquer à Raphaël. C'est ainsi que l'illustre peintre-architecte était occupé, dans ses dernières années, à mesurer et à relever les édifices antiques de Rome, nous le savons par le témoignage de ses contemporains, tout comme l'auteur de la lettre; comme ce dernier, il se servait de la boussole pour ses déterminations; comme lui, il s'était vu confier cette tâche par le pape. Que de présomptions en faveur de notre maître !

Tant de preuves, une unanimité si touchante, n'ont cependant pu convaincre un savant allemand bien connu, M. H. Grimm. Dans son travail intitulé : *De incerti auctoris litteris quæ Raphaelis Urbinatis ad Leonem decimum feruntur* [3], M. Grimm a entrepris de démontrer que le rapport ne pouvait pas être de Raphaël. Cette impossibilité ressort, d'après lui, des termes mêmes du document. Dans la première rédaction, l'auteur s'exprime en effet comme suit : « Je ne puis me rappeler sans grande tristesse que, depuis que je suis à Rome, et il n'y a pas encore onze ans, tant de belles choses, telles que la pyramide qui était dans la rue Alexandrine, le malheureux arc, tant de colonnes et de temples ont été ruinés, principalement par messire Bartolommeo della

1. *Elogi istorici d'alcuni personaggi della famiglia Castiglione.* Mantoue, 1606, p. 429.

2. *Congettura che una lettera creduta di Baldassar Castiglione sia di Raffaello d'Urbino.* Florence, 1799, in-8°.

3. *Jahrbücher für Kunstwissenschaft,* de A. de Zahn: 1871, p. 67 et suiv.

Rovere. » La seconde rédaction, plus explicite, aggrave encore les soupçons de M. Grimm : « Je ne puis me rappeler sans grande tristesse que, depuis que je suis à Rome, — et il n'y a pas encore douze ans, — on a ruiné beaucoup de belles choses, telles que la pyramide qui était dans la rue Alexandrine, l'arc qui était à l'entrée des thermes de Dioclétien, le temple de Cérès sur la voie Sacrée, une partie du Forum transitorium, qui a été incendié et détruit il y a peu de jours et dont les marbres ont été employés à faire de la chaux. » Or, Raphaël n'est arrivé à Rome qu'en 1508 ; d'autre part, la destruction de la pyramide de la via Alessandrina a eu lieu en 1499 déjà, et celle de l'arc (que M. Grimm identifie à l'arc de Gordien) beaucoup plus tôt encore, peut-être sous Sixte IV déjà. Par conséquent, Raphaël n'a pu assister à ces actes de vandalisme, par conséquent il ne saurait être l'auteur du rapport. Ce document, d'après M. Grimm, aurait été rédigé dans les premières années du règne de Jules II, et serait l'œuvre d'un antiquaire, que nous savons avoir été en relations avec le peintre : Andrea Fulvio.

L'argumentation de M. Grimm est assurément fort ingénieuse, et l'on comprend que des esprits sagaces, comme M. Springer, aient adopté la thèse nouvelle. Cependant, nous croyons qu'un examen approfondi du problème doit conduire à des conclusions différentes. Occupons-nous d'abord de la pyramide. Il est certain qu'Alexandre VI a ordonné la démolition de ce monument, vulgairement appelé « Meta Romuli » ou « Sepulchrum Scipionum ». Nous savons même le jour où les travaux ont commencé : 2... décembre 1499. Mais il est tout aussi certain que des restes assez considérables de la « Meta » subsistaient du temps de Raphaël encore. Un auteur qui écrivait en 1509, ainsi une année après l'arrivée du peintre urbinate à Rome, François Albertini, nous le dit formellement : « Metha... vestigia cujus adhuc extant apud ecclesiam S. Mariæ Transpontinæ[1]. » Ces vestiges ont dû disparaître peu de temps après, car un bref, encore inédit, de Jules II, nous apprend qu'en 1512 plusieurs personnes se disputaient la possession du terrain sur lequel s'élevait la pyramide, terrain dont une partie seulement avait été occupée par la nouvelle rue établie sous Alexandre VI. En thèse générale, il était rare à cette époque que l'on détruisît un édifice au ras du sol (la « Meta » avait subi bien des mutilations avant Alexandre VI déjà) ; Raphaël a donc parfaitement pu rappeler la démolition d'un monument dont les ruines n'ont définitivement disparu que vers 1510. Ayant assisté au dernier acte, il était en droit de se compter parmi les spectateurs de cette tragédie.

_____

1. *Opusculum*, p. 68.

Il ne fut d'ailleurs pas le seul à se souvenir de la pyramide : en 1515, lors de l'entrée de Léon X à Florence, Giuliano del Tasso construisit, sur la place du Mercato Nuovo, une colonne imitée de la colonne Trajane, et, sur la place de la Trinité, un simulacre de la « Meta di Romolo[1] ».

En ce qui concerne l'arc placé à l'entrée des thermes de Dioclétien, il n'est point absolument prouvé que l'auteur du rapport parle de l'arc de Gordien. Beaucoup de monuments analogues furent détruits à la fin du xve et au commencement du xvie siècle; nous le savons par Albertini. Fulvio lui-même, dont le livre paraissait une quinzaine d'années plus tard, se vit forcé, en 1527, d'enregistrer plusieurs de ces démolitions sacrilèges. Mais rangeons-nous à l'avis de M. Grimm et admettons qu'il s'agisse de l'arc de Gordien. Ici encore Albertini viendra à notre secours : « Arcus marmoreus Gordiani... vestigia cujus dispoliata visuntur. » Ainsi, en 1509, on voyait encore les restes de ce monument, restes qui n'auront pas tardé à disparaître à leur tour, mais qui autorisaient Raphaël à dire : « Depuis mon arrivée à Rome j'ai vu détruire bien des monuments superbes... »

On manque de renseignements sur l'époque de la destruction du temple de Cérès, situé près du grand cirque, comme aussi sur celle du Forum transitorium ou Forum de Nerva. Il est, par conséquent, impossible de tenir compte, dans le débat, de ces deux édifices. Mais la mention du nom de Bartolommeo della Rovere tend à prouver que le rapport, alors même qu'il ne porterait pas en tête les mots *a Papa Leone X*, ne saurait être adressé à son prédécesseur. Ce personnage, omis dans le vaste recueil généalogique de Pompeo Litta, était neveu de Jules II; ce fut lui qui fut chargé de conduire César Borgia à Ostie, le 18-19 novembre 1503. La famille des Rovere étant en disgrâce pendant le pontificat d'Alexandre VI, il est à peu près certain que les exploits de messire Bartolommeo en matière de vandalisme ne peuvent dater que de l'avènement de son oncle, et qu'ils sont par conséquent postérieurs à 1503. Or comment admettre que, dans un rapport adressé à un pape par un artiste attaché à la cour pontificale, celui-ci ait eu le courage d'attaquer si ouvertement, et sans nécessité aucune, un de ses plus proches parents, son propre neveu? Ne sommes-nous pas forcés, ici encore, d'admettre que le destinataire était Léon X, non Jules II. N'est-ce pas à ce dernier seul, aussi, et non à son belliqueux prédécesseur, que peut s'appliquer la phrase où l'auteur le loue de chercher à pacifier l'Europe, « spargendo el santissimo seme della pace tra li principi christiani. »

1. Vasari, t. VIII, p. 267.

Pour réfuter de point en point la théorie de M. Grimm, il nous reste
à démontrer que le rapport ne peut pas être l'œuvre d'Andrea Fulvio. —
Que le lecteur nous pardonne cette longue discussion ; elle est indispensable pour dissiper des doutes qui ne se sont déjà que trop accrédités, et
pour restituer à Raphaël la paternité d'un document du plus haut intérêt,
— Fulvio, né dans les environs de Rome, à Palestrine, vint de fort
bonne heure dans la Ville Éternelle, où il publia, dès 1487, son *Ars
metrica*[1]. Par conséquent, à supposer qu'il ait adressé son rapport à
Jules II l'année même de son avènement, en 1503, il y aurait eu seize
années et non pas douze, qu'il habitait Rome. En outre, cet auteur, qui
était un antiquaire, non un artiste, aurait écrit son rapport en latin, non
en italien. Enfin, et ce point me paraît décisif, on ne rencontre dans les
ouvrages de Fulvius, les *Antiquaria urbis Romæ*, dédiés en 1513 à
Léon X, les *Antiquitates urbis Romæ*, dédiées à Clément VII, aucune
des idées exprimées dans le rapport. L'esprit qui règne dans ces travaux, d'ailleurs fort médiocres, est celui des auteurs du xve siècle,
s'occupant des recherches historiques ou topographiques, et nullement
d'esthétique. Fulvius, dans sa préface, dit même, en rappelant les travaux
de Raphaël, que son but est de décrire Rome en historien, non en architecte, « quæ non ut architectus, sed historico more describere curavi. »
Est-il besoin d'autres preuves pour faire définitivement écarter son
nom ?

Les mêmes raisons s'opposent à la prise en considération de l'hypothèse de M. Springer, qui a mis en avant le nom de Fra Giocondo. Lui
aussi aurait écrit en latin, lui aussi aurait fait passer dans la préface de
son édition de Vitruve, dédiée à Jules II en 1511, quelques-unes des
idées du rapport. Pour lui, d'ailleurs, il serait bien difficile de concilier
ce que nous savons de ses voyages avec le fameux passage où l'auteur
du rapport dit qu'il est à Rome depuis douze ans. J'avoue que le nom
de Giuliano da San Gallo, si tout ne plaidait pas en faveur de Raphaël,
m'aurait paru devoir rallier plus de suffrages que celui du vieux moine
véronais, dont la vie se partagea entre la France, Rome, Venise, etc.
Mais ici encore nous nous heurtons à une impossibilité matérielle : Giuliano, en effet, se trouvait à Rome dès 1465.

Le rapport débute par un éloge enthousiaste de l'antiquité. Raphaël
flétrit ensuite, en termes indignés, les ravages commis par les Goths,

1. Voir Tiraboschi, *Storia della letteratura italiana,* t. VII, et Gregorovius,
Storia della città di Roma, t. VIII, p. 381.

les Vandales et autres ennemis du nom latin. Mais ce ne sont pas là les seuls coupables. Avec une indépendance digne d'admiration, il rappelle au pape les excès commis par ses propres prédécesseurs. Ceux-là mêmes, dit-il, qui devaient défendre, comme des pères et comme des tuteurs, ces tristes débris de Rome, ont mis tous leurs soins à les détruire ou à les piller. Que de pontifes, ô Saint-Père, revêtus de la même dignité que Votre Sainteté, mais ne possédant pas la même science, le même mérite, la même grandeur d'âme, ont permis la démolition des temples antiques, la destruction des statues, des arcs de triomphe, et d'autres édifices, gloire de leurs fondateurs! Combien d'entre eux ont permis de mettre à nu les fondations pour en retirer de la pouzzolane, et ont ainsi amené l'écroulement de ces édifices! Que de chaux n'a-t-on pas fabriquée avec les statues et les autres ornements antiques! J'ose dire que cette nouvelle Rome, que l'on voit aujourd'hui, avec toute sa grandeur, toute sa beauté, avec ses églises, ses palais, ses autres monuments, est construite avec la chaux provenant des marbres antiques! »

Parmi tant de savants, d'artistes, qui s'étaient occupés des antiquités de Rome, Raphaël est le premier qui ait essayé de distinguer et de caractériser les styles, de marquer le développement des idées, d'écrire en un mot l'histoire de l'art. On a beau chercher dans les ouvrages de ses prédécesseurs des considérations sur les progrès de l'architecture, sur ses caractères aux différentes périodes de la civilisation romaine : ils sont perdus dans l'étude du détail, ou bien, s'ils s'élèvent à la généralisation c'est pour répéter les assertions de Pline. De loin en loin, on rencontre une idée lumineuse chez ce grand précurseur qui s'appelait Poggio Bracciolini, mais de synthèse il n'en est pas question. Chez Flavio Biondo, les appréciations sont fort vagues; chez Bernardo Rucellai lui-même, elles ne sortent jamais du cadre strictement topographique ou archéologique. On peut en dire autant de L.-B. Alberti. Lorsqu'il lui arrive de quitter un instant le domaine de la théorie et celui de la pratique pour nous parler de l'origine et des vicissitudes de l'architecture, il le fait en termes si abstraits que ses considérations ne touchent même pas au domaine de l'histoire. Il nous apprend, par exemple, que l'architecture prend naissance en Asie, qu'elle fleurit en Grèce et arrive à sa plus grande perfection en Italie, etc. [1].

Le seul peut-être qui ait essayé de se rendre compte de la succession des styles, mais seulement en ce qui concerne la peinture du moyen âge, fut Ghiberti; ses *Commentaires* renferment bien des notes précieuses sur

---

1. *De Architectura,* liv. VI, chap. 3.

les œuvres et la manière des trecentistes. Aussi Vasari, lorsqu'il reprit, dans l'esprit de la Renaissance, la tradition inaugurée par Ghiberti, n'eut-il garde d'oublier le nom de l'illustre sculpteur florentin à côté de celui du fondateur de l'École romaine. « Dans ce travail, dit-il, en parlant de son recueil de biographies, j'ai grandement tiré parti des écrits de Laurent Ghiberti, de Dominique Ghirlandajo et de Raphaël d'Urbin. »

Raphaël distingue d'abord trois périodes dans l'histoire de l'architecture romaine : les beaux monuments antiques qui s'étendent de la domination impériale à l'invasion des Goths et autres barbares, ceux de a domination des Goths et du siècle suivant; enfin, ceux qui prirent naissance depuis cette époque jusqu'au xvi⁰ siècle.

En ce qui concerne la première période, il n'est point d'éloges que l'auteur ne lui décerne. Il insiste surtout sur ce fait que l'architecture s'est maintenue au même niveau depuis le commencement jusqu'à la fin de l'Empire, tandis que la sculpture et la peinture ont si rapidement décliné. La démonstration de cette loi si curieuse, découverte par lui, est trop intéressante pour que nous ne nous empressions pas de transcrire les termes mêmes dont il se sert. « Il ne faut pas croire, dit-il, que parmi les édifices antiques les plus récents soient les moins beaux, qu'ils soient moins bien compris, ou d'un autre style. Tous avaient les mêmes qualités. Et quoique les anciens eux-mêmes aient restauré un grand nombre d'édifices (c'est ainsi que l'on édifia les thermes et les palais de Titus et l'amphithéâtre sur l'emplacement même de la maison d'or de Néron), néanmoins ces constructions offraient le même style et les mêmes caractères que les monuments antérieurs à Néron ou contemporains de la maison d'or. Et quoique les lettres, la sculpture, la peinture et presque tous les autres arts ne fissent plus depuis longtemps que décliner et qu'ils allassent se corrompant de plus en plus jusqu'à l'époque des derniers empereurs, cependant l'architecture persistait dans les bons principes et se soutenait; on ne cessait de construire dans le même style qu'auparavant. De tous les arts ce fut elle qui périt en dernier lieu. On peut en juger par beaucoup de monuments et surtout par l'arc de Constantin. L'ordonnance en est belle et toute la partie architecturale est parfaite; mais les sculptures qui l'ornent sont d'une extrême grossièreté et absolument dénuées d'art et de goût. Il en est tout autrement de celles qui proviennent des arcs de Trajan et d'Antonin le Pieux; elles sont excellentes et d'un style irréprochable. On observe le même phénomène dans les thermes de Dioclétien : les sculptures contemporaines de cet empereur sont du plus mauvais style et d'une exécution grossière; les peintures que l'on y voit n'ont rien à faire avec celles du temps de Trajan et de Titus. Et cependant l'architecture en est noble et bien comprise. »

Que d'auteurs ne s'étaient pas occupés de l'arc de Constantin avant Raphaël ; le Pogge, Flavio Biondo, l'auteur anonyme des *Antiquarie prospettiche romane*, Raphaël Maffei de Volterra, Bernard Rucellai, Albertini, Fulvio et tant d'autres ! Ils avaient raconté l'origine du monument ; en avaient loué, en termes fort vagues, la beauté ; avaient rapporté la fameuse inscription rappelant que, lors de sa lutte avec Maxence, le Dieu des chrétiens avait pris parti pour Constantin, « quod instinctu divinitatis... ». Mais aucun d'eux n'avait songé à regarder les bas-reliefs qui l'ornaient, à les rapprocher les uns des autres, à leur assigner une date. Nulle différence, à leurs yeux, entre les superbes scènes de combat ou de chasse, les exploits ou les fondations d'un des plus grands parmi les empereurs romains, les statues des prisonniers barbares, et entre les informes sculptures du soubassement. L'inscription ne parlait pas de ces plagiats. Le moyen de les découvrir ! Il y avait, entre les batailles de Trajan contre les Daces et les Victoires taillées par les ignares sculpteurs de Constantin, toute la différence qui sépare les productions de l'art à son apogée de celles de l'art arrivé au dernier période de la décadence. Mais pour s'en apercevoir il aurait été nécessaire d'ouvrir les yeux, de faire un effort, de penser, en un mot.

O paresse de l'esprit humain ! Que de siècles n'a-t-il pas fallu aux milliers de visiteurs, attirés chaque année à Rome, pour classer les monuments qui s'imposaient à leur admiration, pour distinguer les différents genres d'appareils, pour découvrir que certains édifices étaient construits en briques, d'autres en travertin, d'autres en marbre, que les uns étaient voûtés, les autres supportés par des colonnes ! Le premier qui découvrit que la colonne Trajane et la colonne Antonine étaient ornées de bas-reliefs fut un homme de génie. Il s'écoula un intervalle bien long avant qu'un second homme de génie découvrît que ces bas-reliefs représentaient les exploits de Trajan et de Marc-Aurèle. L'analyse et l'explication des bas-reliefs pris isolément marquent une troisième étape dans la laborieuse genèse de l'archéologie.

Raphaël, son rapport nous le prouve, fut un de ces initiateurs, distançant non seulement ceux qui les avaient précédés, mais encore ceux qui venaient après eux. Si Fulvius avait rédigé le rapport adressé à Léon X, il aurait eu une belle occasion d'exposer sa découverte relative à l'arc de Constantin dans ses *Antiquitates urbis,* publiées en 1527, ainsi longtemps après la mort de Raphaël. Mais il ne dit pas un mot de la différence de style entre les bas-reliefs du temps de Trajan et ceux du temps de Constantin. Il paraît même ignorer (ff. XLVIII, v° XLIX) que tous ces bas-reliefs ne datent pas de la même époque. Il nous faudra aller jusqu'à l'*Urbis Romæ topographia* de Marliano, dont la première édition parut en 1534, pour trouver ce fait nettement énoncé. « L'arc de Constantin, dit cet auteur, renferme quelques sculptures merveilleuses; d'autres sont moins bonnes; aussi beaucoup de savants pensent-ils que les unes ont été enlevées à l'arc de Trajan et que les autres ont été ajoutées après coup. »

La définition que Raphaël nous donne de l'architecture du moyen âge nous montre l'artiste peu familiarisé avec l'histoire générale. Ce style, d'après lui, commença avec la domination des Goths et lui survécut pendant tout un siècle. Or l'empire fondé par Théodoric s'étant écroulé dès le VIe siècle, il faudrait supposer que le style inauguré par ce monarque n'a duré que deux siècles en tout. Mais telle n'était évidemment pas la pensée de l'artiste-archéologue. Il aura voulu désigner par période gothique l'espace compris entre la chute de l'empire romain et la renaissance des arts. Ce qu'il dit plus loin de l'architecture allemande (tedesca) et de l'architecture byzantine tend à confirmer notre hypothèse.

On a rarement déploré en termes plus éloquents les malheurs de l'invasion : « Après que Rome, livrée aux Barbares, eut été ruinée, incendiée et détruite, il sembla que cet incendie et cette lamentable ruine eussent consumé et détruit avec les édifices l'art même d'édifier. La fortune des Romains change : la calamité et les misères de la servitude succèdent aux innombrables victoires et triomphes; aussi, comme s'il ne convenait plus à ces hommes vaincus, réduits à l'esclavage, d'habiter les demeures magnifiques dans lesquelles ils résidaient au temps où ils subjuguaient les Barbares, on voit subitement changer avec la fortune la manière de bâtir. Le contraste fut aussi grand que celui qui existe entre la servitude et la liberté. L'architecture devint misérable comme tout le reste : art, proportions, grâce, tout disparut. Il sembla qu'avec l'empire on eût perdu le talent et l'art. L'ignorance devint telle qu'on ne sut plus fabriquer de briques, ni aucune sorte d'ornements. On démolissait les murs antiques pour en retirer le ciment; on réduisait le marbre en fragments de petite dimension, et on se servait de ce mélange pour bâtir, ainsi qu'on peut le voir aujourd'hui encore dans la tour appelée « delle Militie ».

Étant donné ce préambule, il ne faut pas nous étonner de voir Raphaël tonner contre l'art gothique. La haine de ce style était innée chez la plupart des architectes italiens de la Renaissance. Filarete, dans son *Traité d'architecture*, écrit vers 1460, s'élevait déjà contre lui avec violence.

« Maudit soit celui qui l'inventa, dit-il ; il n'y a que des barbares qui aient pu l'introduire en Italie ». Mais c'est chez Raphaël, selon toute vraisemblance, que l'on trouve, pour la première fois, la condamnation en règle de ces constructions que les Italiens englobaient sous le terme général de « architettura tedesca ». Son réquisitoire mérite d'être rapporté ; il marque une date dans l'histoire de la Renaissance. Jamais encore on n'avait relevé avec une netteté si grande les défauts de ce style qui, comme l'a si bien dit un illustre savant moderne, « réalise cette idée singulière d'un édifice soutenu par ses échafaudages, et, s'il est permis de le dire, d'un animal ayant sa charpente osseuse autour de lui [1] ». Mais écoutons Raphaël : « C'est alors que surgit presque partout l'architecture allemande, si éloignée, comme on le voit de nos jours encore dans ses monuments, de la belle manière des Romains et des anciens. Ceux-ci, abstraction faite du corps même de l'édifice, exécutaient des corniches, des frises, des architraves, des colonnes, des chapiteaux, des bases de la plus grande beauté ; tous les ornements étaient d'un style parfait. Les Allemands, au contraire, dont la manière est encore en faveur dans beaucoup d'endroits, emploient souvent, pour ornements ou pour consoles, des petites figures rabougries et mal exécutées, des animaux étranges, des figures et du feuillage traités sans goût aucun ; on ne saurait rien imaginer de plus opposé au bon sens. Cependant cette architecture a eu quelque raison d'être ; elle constitue une imitation des arbres non taillés dont les branches, lorsqu'on les baisse et les attache ensemble, forment des arcs en tiers-point (terzi acuti). Mais quoique cette origine ne soit pas absolument condamnable, elle prête beaucoup à la critique ; en effet, les huttes décrites par Vitruve, dans sa dissertation sur les origines de l'ordre dorique, avec leurs poutres liées les unes aux autres, leurs poteaux en guise de colonnes, leurs frontons et leurs couvertures, offrent bien plus de résistance que les arcs en tiers-point qui ont deux centres. Les mathématiques nous enseignent, en effet, qu'un demi-cercle, dont chaque point se rapporte à un centre commun, peut supporter un poids bien plus grand. Outre sa faiblesse, l'arc en tiers-point n'a pas cette grâce que l'œil trouve dans le cercle parfait et qui lui plaît tant ; aussi la nature ne cherche-t-elle pas, pour ainsi dire, d'autre forme. »

Raphaël parle avec estime, mais sans enthousiasme exagéré, de l'architecture de son temps. Que pouvaient, en effet, les plus belles créations

____

[1]. Renan, *Discours sur l'état des beaux-arts* (dans *l'Histoire littéraire de la France au* xive *siècle ;* 2e éd., t. II, p. 230).

de la Renaissance sur un esprit tout imbu de l'antiquité classique :
« Les édifices modernes sont très faciles à reconnaître, d'un côté parce
qu'ils sont neufs, de l'autre parce qu'ils ne sont pas encore arrivés de
tous points à la perfection et au luxe que l'on remarque dans ceux des
anciens. Cependant, de nos jours, l'architecture a fait de grands progrès
et s'est singulièrement rapprochée de la manière des anciens, comme on
peut le voir dans les beaux et nombreux ouvrages de Bramante. Mais les
ornements n'y sont pas de matière aussi précieuse que ceux des anciens ;
ces derniers réalisaient, au prix de sacrifices immenses, les projets qu'ils
avaient formés ; il semblait que leur volonté dût triompher de tout
obstacle. » On le voit, ici, comme dans tous les autres écrits du temps,
perce la grande préoccupation de la Renaissance : égaler les anciens.

Raphaël s'adjoignit plusieurs collaborateurs pour son projet de restitution de Rome antique. Nous avons déjà parlé d'Andrea Fulvio. A côté
de lui se trouvait un vieux philologue, Fabio Calvo de Ravenne, auquel
il confia le soin de traduire pour lui Vitruve. Calvo fut certainement
associé aux recherches sur la topographie de l'ancienne Rome. Ce qui le
prouve, c'est que, quelques années après la mort de Raphaël, en 1532,
il a publié une sorte de carte des régions de Rome. En retrouvant, à la
Bibliothèque de l'École des Beaux-Arts, la première édition de cet ouvrage, édition inconnue à Passavant et aux autres biographes de
Raphaël [1], nous avions d'abord espéré y rencontrer la gravure de quel-
ques-uns des dessins exécutés sous la direction du maître. Mais notre
espoir n'a pas été de longue durée. Les planches du *Simulachrum*, qui
pourrait bien avoir paru après la mort de Calvo, sont d'une barbarie
incroyable et ne procèdent en aucune manière de dessins tracés par un
artiste familiarisé avec l'architecture. La concision du texte corres-
pond à l'insuffisance des gravures. Comme il est cependant certain que
la publication se rattache au projet de Raphaël, il importe d'en indi-
quer, ne fût-ce qu'en deux mots, le contenu : Les premières planches
représentent les différents aspects de Rome sous Romulus, Servius Tul-
lius, Auguste, etc.; puis vient le plan (si l'on peut donner ce nom à des
gravures d'un caractère vraiment enfantin) de chacune des quatorze
régions, avec l'indication de ses principaux monuments.

Le projet de Raphaël suscita dans toute l'Europe le plus vif enthousiasme. Poètes et prosateurs le célébrèrent à l'envi. L'archéologue éclipsa
complètement le peintre. La consternation fut générale lorsqu'on apprit

---

1. *Antiquæ urbis Romæ cum regionibus simulachrum.* Rome, 1532, in-folio
oblong.

la catastrophe qui mettait à néant cette entreprise, la plus généreuse que la Renaissance eût formée en matière d'archéologie.

Plus d'un successeur de Raphaël a caressé ce beau rêve, la restitution de Rome antique. La liste est longue des architectes ou des archéologues qui ont publié au xvi⁰ ou au xvii⁰ siècle des vues ou des essais de restauration des principaux édifices de la Ville Éternelle. Mais il n'a été donné à aucun d'eux de mener à fin une entreprise si glorieuse. Le plus souvent leurs travaux n'ont porté que sur des monuments isolés ; ont-ils embrassé, par exception, Rome tout entière, les relevés sont si inexacts, les restaurations si arbitraires, qu'ils ne peuvent être d'aucun secours. Il était réservé à l'ancienne Académie d'architecture de reprendre, à son insu, le projet de Raphaël. En chargeant les pensionnaires de l'Académie de France à Rome de relever et de restituer les principaux monuments antiques de l'Italie, elle a doté notre pays d'une collection de documents vraiment inappréciable. Nous possédons aujourd'hui les plans, coupes et élévations (c'étaient les trois procédés de reproduction signalés par Raphaël) d'environ soixante-dix monuments grecs ou romains, mesurés et restitués par toutes les gloires de **notre École**, depuis Percier jusqu'à M. Garnier. Le lecteur estimera sans doute, comme nous, que rapprocher de cette entreprise gigantesque, dont les premiers volumes viennent de paraître, grâce à l'initiative du Ministère des Beaux-Arts, le nom de Raphaël, c'est payer au grand Urbinate une dette de reconnaissance.

EUG. MÜNTZ.

(Extrait de la *Gazette des Beaux-Arts*, octobre et novembre 1880.)

9 782013 684071